Ingo Siegner

Alles klar!

Der kleine Drache
Kokosnuss

erforscht die Römer

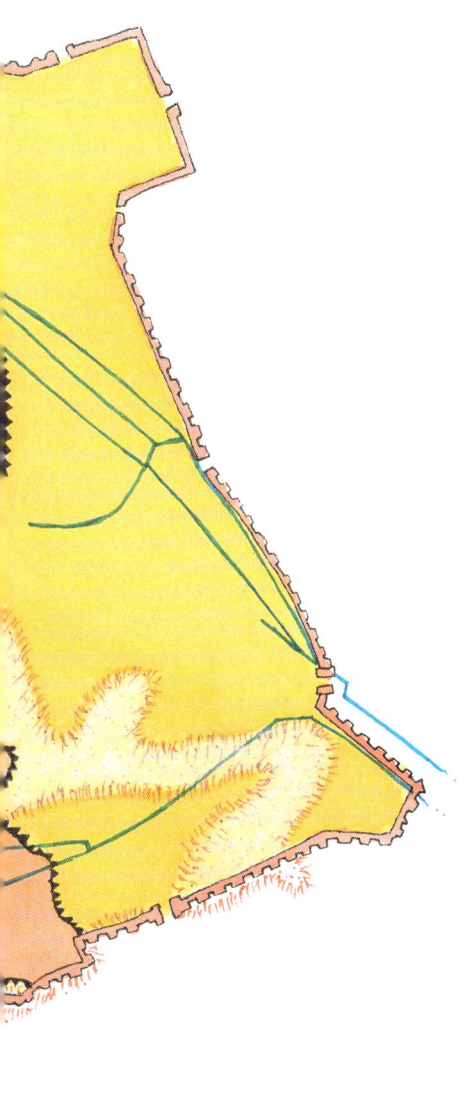

1	Säulenhalle der Octavia
2	Circus Maximus
3	Stadion des Kaisers Domitian
4	Kolosseum
5	Agrippa-Therme
6	Nero-Therme
7	Titus-Therme
8	Trajan-Therme
9	Caracalla-Therme
10	Dokletian-Therme
11	Pompejus-Theater
12	Balbus-Theater
13	Marcellus-Theater
14	Cäsarforum
15	Forum des Augustus
16	Forum des Trajan
17	Pantheon
18	Tiber-Insel

 Rom in der Republik

 Erweiterung des Stadtgebiets in der Kaiserzeit

 Gebäude/Bäder

 Servianische Mauer

 Aurelianische Mauer

 Aquädukt

Ingo Siegner

Alles klar!
Der kleine Drache
Kokosnuss
erforscht die Römer

cbj

Inhalt

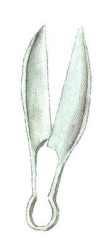

Kein Mittagessen für Oskar

Missmutig tritt der Fressdrache Oskar gegen einen Stein. „Menno", grummelt er.
„Was ist denn los?", wollen seine Freunde, der kleine Drache Kokosnuss und das Stachelschwein Matilda, wissen. Oskar hat doch sonst immer so gute Laune – jedenfalls, wenn er genug gegessen hat. Das ist bei Fressdrachen nun einmal so.
„Mama besucht für ein paar Tage meine Tante", erzählt Oskar. „Jetzt schwingt Papa den Kochlöffel in der Drachenküche. Und das bedeutet, es gibt jeden Tag…"
„Fleisch, Fleisch und noch mal Fleisch!", rufen seine Freunde.

Oje, armer Oskar! Sein Papa will einfach nicht wahrhaben, dass Oskar kein typischer Fressdrache ist und gegen Fleisch allergisch ist. Oskar lässt den Kopf hängen.
„Ja, genau", sagt er kläglich. „Und als Beilage gibt's bloß einen Stängel Petersilie. Davon wird doch kein Fressdrache satt! Ich sag's euch, mir hängt vielleicht der Magen durch!"

„Du kannst bei uns mitessen", schlägt Kokosnuss vor. „Mama Mette kocht heute Spaghetti mit Tomatensoße."

„Mette ist eine hervorragende Köchin", sagt da eine tiefe Stimme. Gleich darauf taucht ein großer Drachenkopf mit Brille und einem langen Rüssel aus dem Gebüsch auf. Es ist Knödel, der Rüsseldrache!

„Knödel!", ruft Matilda er-staunt. „Wo kommst du denn so plötzlich her?"

„Och, ich habe hier ein Nicker-chen gemacht", sagt Knödel. „Aber als ich ,Spaghetti mit Tomatensoße' gehört habe, bin ich aufgewacht. Ooooh, die Spaghetti, die ich neulich in der Taverne *Funkelnde Sterne* ge-gessen habe, waren ein Traum!"

„Du meinst, als du mit uns in Rom warst?", fragt Kokosnuss. Während die drei Freunde mit dem Laserphaser in die Ver-gangenheit zu den Gladiatoren in das alte Rom gereist waren,

hatte Knödel in der Taverne auf sie gewartet und sich die Zeit mit Essen vertrieben.

„Mamma mia, die besten Spaghetti der Welt!", schwärmt Knödel.

„Das alte Rom war wirklich spannend", sagt Kokosnuss.

„Ja, ich wüsste zu gern, was unser Freund Cinquecento[1] inzwischen macht", sagt Matilda.

„Und gegen eine ordentliche Portion Nudeln hätte ich nichts einzuwenden", sagt Oskar. Die Freunde grinsen sich an und die Sache ist beschlossen: Sie reisen mit Knödel in die Haupstadt Italiens – nach Rom. Nudeln lieben sie so sehr, da ist ihnen kein Weg zu weit! Schnell holen sie ihre Siebensachen – und los geht die Reise!

[1] Cinquecento wird Tschinkwetschento ausgesprochen. In dem Abenteuer „Der kleine Drache Kokosnuss bei der Römern" helfen ihm die Freunde beim Kampf gegen den starken Gladiator Maximus Doppelplus.

Ein Traum aus Nudeln

Wie der Wind fliegt Knödel nach Italien – und landet am Stadtrand von Rom vor der Taverne *Funkelnde Sterne*. Als die Wirtin Knödel erblickt, rennt sie aus der Taverne und begrüßt ihn stürmisch. „Benvenuto! Herzlich willkommen!", ruft sie immer wieder und fällt auch Kokosnuss, Matilda und Oskar um den Hals. Dann kehrt sie in ihre Küche zurück …
und bringt kurze Zeit später mehrere Schüsseln mit dampfenden Nudeln nach draußen: Spaghetti, Ravioli, Tagliatelle – so viel sie essen können!
„Magnifico!", lobt Knödel und stürzt sich auf die italienische Pasta.
„Buon appetito!", sagt Oskar und grinst zufrieden.
Als die Freunde satt sind, machen sie einen Spaziergang. Ohne Knödel, denn der hat sich noch drei Portionen Lasagne bestellt. Wie beim letzten Mal, als sie hier waren, laufen die Freunde in den Wald …
Kokosnuss zieht den Laserphaser aus der Tasche.
„Jetzt werden wir bald erfahren, was Cinquecento macht", sagt Kokosnuss. „Immerhin hat ihm Kaiser Trajan höchstpersönlich ein *Institut für Rückengymnastik* geschenkt, weil Cinquecento den Kaiser von seinen Rückenschmerzen geheilt hat." Kokosnuss dreht an dem kleinen Knopf am Gerät: „Bei unserer letzten Reise ins alte Rom waren wir im Jahr 115. Jetzt reisen wir ins Jahr 117", sagt er – und drückt den Startknopf. Es kribbelt – und

dann stehen die Freunde zwar immer noch auf derselben Lichtung im Wald, aber sie sind rund 1900 Jahre durch die Zeit gesaust.

„Na, du hättest Oskar und mich wenigstens fragen können", sagt Matilda. „Ob wir auch ins Jahr 117 nach Christus wollen." Sie seufzt. „Hoffentlich müssen wir nicht wieder gegen Gladiatoren kämpfen. Aber da wir schon mal hier sind, zeigt uns Cinquecento bestimmt, wie die Menschen im alten Rom so leben!"

Der Weg nach Rom

„Alle Wege führen nach Rom!", sagt Oskar und blickt von einer Karte auf. „Schaut mal, diesen Stadtplan habe ich in einem meiner Rom-Bücher gefunden. So sah Rom in der **Antike** aus – also zu der Zeit, in der wir gerade sind. Die Stadt wurde auf sieben Hügeln erbaut. Außen herum verläuft eine Stadtmauer mit Stadttoren. Von allen Seiten führen Straßen in die Stadt, die das Zentrum eines Weltreichs ist." Kokosnuss und Matilda sehen Oskar bewundernd an. Er kennt sich wirklich gut aus mit dem alten Rom. Das ist ihnen schon bei ihrem letzten Abenteuer aufgefallen.

„Prima", sagt Kokosnuss. „Dann können wir uns ja gar nicht verlaufen. Wir müssen nur dieser Straße folgen!"

Vor ihnen liegt eine gepflasterte Straße! Links und rechts stehen Bäume, die Schatten spenden. Mit großen Augen betrachten die Freunde die

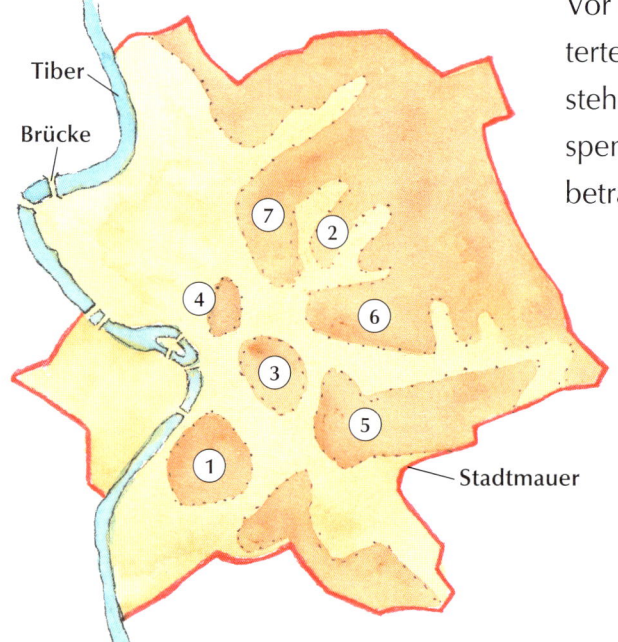

Tiber
Brücke
Stadtmauer

1 Aventin
2 Viminal
3 Palatin
4 Kapitol
5 Caelius
6 Esquilin
7 Quirinal

kleinen und großen **Grabsteine**, die dazwischenstehen. „Die Römer begraben ihre Toten vor den Toren der Stadt", flüstert Oskar. „Und je reicher eine Familie ist, desto prächtiger ist die Grabstelle."

Schon bald stehen sie vor einem Stadttor. Wie viele Menschen hier unterwegs sind! Zwei Wachmänner halten einen Bauern auf, der mit seinem schwer beladenen zweirädrigen Ochsenkarren in die Stadt fahren will.

„Komm mit deinem **plaustrum** heute Abend wieder", sagt einer der Wachmänner. „Tagsüber ist die Stadt für den Lieferverkehr gesperrt. Da sind die Straßen voller Menschen!"

Die Freunde lassen sich von den Leuten mitreißen, die in die Stadt strömen. Die Menschen tuscheln aufgeregt. Einige knien vor Altären, die rund um den Platz vor dem Stadttor stehen. Bunt angemalte Marmorfiguren stehen darauf. Die Menschen legen Früchte oder Blumen vor ihnen ab und beten. Machen die Römer das immer so oder hat das einen besonderen Grund?

Ein Ungeheuer im Tiber

„Cinquecento!", ruft da Matilda. Sie hat ihn im Getümmel entdeckt. Tatsächlich! Mit winkenden Armen kommt der kleine Mann auf die Freunde zugestürzt.

„Die Götter haben euch geschickt!", ruft er und umarmt sie stürmisch. „Wir werden gebraucht, Leute! Die Armee ist machtlos, nicht mal der Gladiator Maximus Doppelplus traut sich, etwas gegen das Ungeheuer zu tun! Jetzt will der Kaiser Trajan, dass wir übernehmen – die Fürchterlichen Vier!"

Die Fürchterlichen Vier – so hatten sie sich genannt, als sie Auge in Auge mit dem ochsenstarken Gladiator Maximus Doppelplus in der Arena des Kolosseums standen.

„Was ist denn überhaupt los?", will Oskar wissen.

„Habt ihr es noch nicht gehört?", fragt Cinquecento bleich. „Ein riesiges, drachenähnliches Ungeheuer hat es sich im Tiber gemütlich gemacht! Kein Mensch weiß, woher es kommt. Plötzlich war es da – und nun kann keiner mehr den Fluss überqueren, ohne dass es zuschnappt." Cinquecento schluckt und flüstert heiser: „Das Vieh ist über 30 Meter lang und sein Schädel so groß wie ein Haus!"

„Boah! Das will ich sehen!", ruft Oskar aufgeregt.

„Wir auch!", rufen Kokosnuss und Matilda.

„Moment! Zuerst müssen wir zu Kaiser Trajan und ihm melden, dass ihr da seid!", ruft

Cinquecento und bleibt so plötzlich stehen, dass die Freunde ineinanderlaufen.
„Aber so könnt ihr nicht vor den Kaiser treten. Ihr müsst euch wenigstens den Staub abklopfen."
Die Freunde blicken an sich herab. Cinquecento hat recht:

Kokosnuss' Drachenhaut ist vom Straßenstaub ganz matt, Matildas Stacheln sind verwuschelt und Oskars Mund ist noch mit Tomatensoße verschmiert.
„Kommt mit, ich wohne hier um die Ecke", sagt Cinquecento.

Das Zuhause von Cinquecento

Cinquecento führt die Freunde durch eine belebte Straße zu einem fünfstöckigen Mietshaus (**insula**). „Hier wohne ich in der ersten Etage", sagt er. „In Rom leben über eine Million Menschen, müsst ihr wissen. Wohnraum ist knapp und die Mieten sind sehr teuer! Unterm Dach wohnen die ärmeren Mieter in kleinen Zimmern. Aber mir hat der Kaiser ein Zimmer in einer Top-Wohnlage geschenkt. Im Laden direkt darunter befindet sich mein Institut für Rückengymnastik."

Der Laden ist nach vorne hin offen! Darin steht eine einfache Liege und davor sitzen Leute auf einer Bank und warten auf Cinquecento. Als sie ihn kommen sehen, ruft ein älterer Mann: „Meister Cinquecento, da bist du ja! Mein Rücken schmerzt. Du musst mir helfen."

„Tja", sagt Cinquecento. „Das ist heute leider schlecht. Ich muss dem Kaiser helfen, das Ungeheuer im Tiber zu verjagen. Kommt doch bitte morgen wieder, ja?"

Die Leute murren ein bisschen, aber natürlich sehen sie ein, dass gegen das riesige Tier etwas unternommen werden muss.

Cinquecento führt die Freunde in den Wohnraum im ersten Stock. Sie schauen sich um. Der Raum ist mit wenigen einfachen Möbeln eingerichtet. In einer Nische steht eine Götterfigur, die Cinquecento mit Blumen bekränzt hat. In einer

Ecke ist eine Herdstelle – die Küche!

Cinquecento nickt zufrieden. „Gut, dass die Glut aus ist. Nicht auszudenken, wenn ich das Löschen mal vergessen würde! Bei den vielen offenen Feuern in der Stadt sind schon ganze Straßenzüge abgebrannt. Deswegen gibt es in Rom Feuerwehrleute, die **virgiles**." Er schüttet aus einer **Amphore** Wasser in eine Schüssel und reicht den Freunden ein Handtuch. Während sie sich waschen, sagt er: „Die Häuser der Reichen haben sogar fließendes Wasser: Dafür werden gemauerte Wasserleitungen bis in ihre Häuser gelegt. Wir einfachen Leute holen das Wasser aus einem der vielen öffentlichen Brunnen. Das Wasser fließt aus den Bergen in kilometerlangen Wasserleitungen bis nach Rom – teilweise über hohe Brücken."

„Die heißen **Aquädukte**!", sagt Oskar.

„Stimmt", sagt Cinquecento. „Das Wasser wird in Speichertürmen in der Stadt gesammelt. Von dort fließt es in die Brunnen, in die Badehäuser … und dann in das unterirdische Abwassersystem, die **Cloaca Maxima**. Der Kaiser selbst wacht über die Wasserversorgung und rund 700 Mitarbeiter kümmern sich darum, dass alle Leitungen immer in Ordnung sind. So, seid ihr fertig?" Er betrachtet die Freunde und nickt zufrieden. „Dann gehen wir jetzt zum Kaiser."

Auf zum Trajansforum!

„Cinquecento, woher weißt du, wo sich der Kaiser aufhält?", will Kokosnuss wissen. „Das ist doch klar wie Kloßbrühe!", ruft Oskar. „Natürlich wohnt er in seinem Palast auf dem **Palatin**, einem der sieben Hügel Roms. Wusstet ihr, dass sich das Wort *Palast* von Palatin herleitet?"

Sie folgen Cinquecento, der zielstrebig durch enge Gassen und Straßen läuft. Hohe Mietshäuser und Läden säumen die Straßen. Zwischen den Häusern sind Wäscheleinen gespannt und die Mauern sind mit Graffitis bekritzelt. Einige zeigen kämpfende Gladiatoren. Bestimmt wurden die von begeisterten Fans gezeichnet! Dann treten die Freunde auf einen großen Platz.

„Das **Forum Romanum**!", sagt Oskar staunend.

Cinquecento nickt. „Ja, das Stadtzentrum von Rom und Mittelpunkt des politischen, wirtschaftlichen und religiösen Lebens. Die ersten Bauwerke wurden hier schon im 6. Jahrhundert vor Christus erbaut. Allerdings wurde das Forum mit der Zeit zu klein! Mit dem römischen Weltreich musste auch sein Machtzentrum ständig wachsen. Deswegen sind mit der Zeit vier **Kaiserforen** dazukommen: Das Caesarforum, das Augustusforum, das Nervaforum und das Trajansforum. Das ist hier gleich um die Ecke."

Er führt sie an einem Gebäude mit weißen Treppen und goldenen Säulen vorbei. Ein Mann steht davor und verliest die Nachrichten: „Kaiser Trajan, die Götter mögen ihm ein langes Leben schenken, kümmert sich selbst um das gefährliche Ungeheuer im Fluss!"

„Hört, hört!", rufen die umstehenden Leute.

„Soldaten sichern die Stelle am Tiber ab, um euch zu schützen!", ruft der Nachrichtenausrufer. „Morgen werden die Fürchterlichen Vier das Problem lösen!"

Die Leute jubeln, aber Cinquecento zieht die Freunde schnell hinter sich her.

„Was erzählt der da?", flüstert Kokosnuss. „Ich hör wohl nicht richtig!"

„Ja, äh …" Cinquecento räuspert sich und wechselt das Thema. „Was ich sagen wollte … Ein Forum besteht immer aus einem großen viereckigen Marktplatz, der von Säulenportalen umgeben ist. Außerdem gibt es Tempel, viele Statuen und Gebäude für die Politik und Verwaltung. So ein riesiges Reich wird von unzähligen Beamten verwaltet. Schließlich müssen Steuern eingetrieben und der Straßenbau organisiert werden. Vor allem soll so ein Forum aber die Macht und Herrlichkeit des Kaisers zeigen. Und das Forum unseres Kaisers Trajan ist das allergrößte!"

„Und da finden wir ihn auch?", fragt Kokosnuss.

„Natürlich", sagt Cinquecento. Er führt die Freunde durch einen hohen **Triumphbogen** auf das Trajansforum. „Der Triumphbogen ist gerade erst fertig geworden", erzählt Cinquecento stolz. „Und für das Forum hat Trajan extra einen Teil vom **Quirinal**, einem unserer berühmten sieben Hügel, abtragen lassen, damit ein großer, ebener Platz entstehen

kann. Hier sind die Trajans-
märkte entstanden." Die
Freunde bestaunen die mehrere Stockwerke hohen, bunt
bemalten Gebäude, in denen
Läden und Lager unterge-
bracht sind. Zum Teil sind die
Straßen sogar überdacht, damit die Besucher in den
Ladenpassagen vor Sonne
und Regen geschützt sind.
„Das ist die Basilika Ulpia",
sagt Cinquecento und läuft
auf ein imposantes Ver-
waltungsgebäude zu, das
die ganze Front des
Forums einnimmt.

„Hier arbeiten Beamte und
Richter. Sogar Gefängniszellen
gibt es", flüstert er. Aber als
Cinquecento einen Sekretär
nach dem Kaiser fragt, teilt der
ihm mit, dass Trajan nicht hier,
sondern in der Bibliothek ist.
Dabei schaut er kaum von der
Wachstafel auf, in die er mit
einem Griffel Notizen ritzt.
„Die ist gleich nebenan", sagt
er nur und weist mit dem Griffel den Weg.

In der Trajansbibliothek

Die Bibliothek hat zwei Gebäudeteile. Dazwischen steht die **Trajanssäule**.

„Ui", sagt Oskar staunend und deutet auf die rund 2500 kleinen aus Stein gehauenen Figuren, die sich in einer Spirale an der über 30 Meter hohen Säule emporwinden. „Die kann man in unserer Zeit noch angucken. Schaut mal, da wird wie in einem Comic vom Sieg Trajans über die Draker[2] erzählt."

Aber Cinquecento zieht die Freunde ungeduldig weiter. In welchem Teil der riesigen Bibliothek Trajan wohl steckt?

„Hierher!", ruft da ein Mann in einer prächtigen Toga.

„Gestatten? Ich bin Publius

Konfus Redefluss, der Leiter der neu gegründeten *Bibliothecae Divi Traiani*, der Bibliotheken des Göttlichen Trajans. Ich würde sie euch ja zu gern zeigen: In dem einen Bibliotheksgebäude liegen die Schriften der griechischen Gelehrten", erzählt er. „Und in dem anderen die Schriften der römischen Gelehrten. Doch den Kaiser sollte man nicht warten lassen." Schon führt er die vier mit großen Schritten durch die Räume. In hohen Regalen liegen Schriftrollen übereinander.

„Wo sind denn die Bücher?", wundert sich Kokosnuss.

„Die Römer und Griechen schreiben auf Schriftrollen", erklärt Oskar. „Das haben sie von den Ägyptern übernom-

<hr>

[2] Die Draker waren ein Volk, das im heutigen Rumänien lebte.

men. Und dafür nutzen sie ebenfalls **Pergament**, also ganz dünne Tierhaut, oder **Papyrus**, einer Art Papier, das aus Schilfrohr hergestellt wird. Die Bögen wurden zu langen Bahnen aneinandergeklebt und dann aufgerollt. Erst seit dem 4. oder 5. Jahrhundert wurden sie zu Buchblöcken gebunden. Und der moderne Buchdruck wurde erst im 15. Jahrhundert erfunden."

So eine römische Schriftrolle würde ich mir gern genauer ansehen, denkt Kokosnuss. Doch Publius Redefluss schiebt die Freunde in einen weiteren Raum.

„Ah, die Freunde von Cinquecento!", werden sie von einem Mann mit einer kraftvollen Stimme begrüßt. Kaiser Trajan!

Er steht an einem Tisch, umringt von vielen wichtig aussehenden Männern. Und auf dem Tisch liegt eine geöffnete Schriftrolle! Aha, so sieht das also aus!

„Wie gut, dass ihr da seid", sagt der Kaiser. „Auf euch ruht die Hoffnung des Römischen Reichs! Rom wird von einem Ungeheuer bedroht, das sich im Tiber bequem gemacht hat. Niemand weiß, wie wir es wieder loswerden können", erklärt Trajan. „In den Schriften hat unser werter Gelehrter Publius Redefluss aber einen Hinweis auf ein solches Untier gefunden. Publius?"

Regulus und die Riesenschlange

Der Bibliothekar tritt eifrig vor. „Ja, hier, in dieser Schriftrolle steht es." Er winkt die Freunde heran. Kokosnuss betrachtet mit großen Augen die Zeichnung einer dicken Schlange: Sie hat eine ebenso schöne rote Drachenhaut wie er, aber mehr Ähnlichkeit gibt es nicht! Im Maul des Monsters blitzen scharfe Zähne und der lange Schwanz endet in einer pfeilartigen Spitze.

„Auweia!", flüstert Oskar und Matilda schüttelt ihre Stacheln vor Grausen.

„Mit dem karthargischen Schlangendrachen bekam es der Feldherr Regulus vor über 350 Jahren zu tun", erklärt Publius Redefluss. „Rom kämpfte zu dieser Zeit gegen die Stadt Karthargo, die im Norden Afrikas liegt. Das Heer von General Marcus Atilius Regulus wollte gerade den Fluss Bagradas überqueren, als die Riesenschlange auftauchte. 37 Meter war sie lang! Regulus wollte ausweichen und den Fluss an einer anderen Stelle überqueren, doch der Flussdrache schwamm dem Heer hinterher. Also beschossen sie ihn mit **Ballisten**. Das sind **Katapulte** für schwere Steine."

Kokosnuss erschrickt. „Der arme Drache!"

Trajan lächelt überlegen. „Regulus und seine Leute haben den Flussdrachen am Ende besiegt. Und die Punier natürlich auch. Wir Römer nennen die Einwohner Karthagos Punier."

„Na ja, als Hannibal mit seinen Truppen und 37 Elefanten über die Alpen auf Rom vorrückte, sah es zeitweise ziemlich eng für uns aus", wirft Publius ein.

Trajan wirft dem Bibliothekar einen finsteren Blick zu. „Rom hat Karthargo am Ende besiegt, basta. Aber dieses Ungeheuer bereitet mir Kopfschmerzen. Hier in Rom können wir schlecht mit Katapulten schießen – es ist viel zu eng in der Stadt."

„Auf Drachen wird überhaupt nicht geschossen!", protestiert Kokosnuss. „Wir werden erst mal mit ihm sprechen!"

„Der Flussdrache wird auf uns hören", meint Oskar.

„Vertrauen Sie uns, Caesar", sagt Cinquecento.

„Warum führen die Römer denn so viele Kriege?", murmelt Matilda.

Die Geschichte Roms

Publius Redefluss zieht eine Augenbraue hoch und sagt: „Wie, glaubst du, wäre Rom sonst zur größten Weltmacht, zum **Imperium Romanum**, aufgestiegen?"

„Wie ist die Stadt Rom denn überhaupt entstanden?", fragt Kokosnuss. „Und wie wurde es zum Weltreich?"

„Über die Gründung unserer Stadt gibt es eine **Sage**", erklärt Publius. „Die Zwillinge **Romulus** und **Remus** waren die Kinder des Kriegsgottes Mars und der Königstochter und Priesterin Rhea Silva. Rhea Silvas Onkel Amulius hatte ihren Vater, den rechtmäßigen König, vom Thron gestoßen. Da Amulius die Macht für sich allein wollte, musste er auch noch die offiziellen Thronfolger Romulus und Remus vernichten. Deshalb setzte der böse Onkel sie in einem Weidenkörbchen auf dem Tiber aus. Doch das Körbchen wurde an Land gespült. Eine **Wölfin** rettete die Jungen, indem sie sie säugte. Später nahmen sich Hirten der Zwillinge an … Und als sie erwachsen waren, rächten sie sich an ihrem Großonkel und beschlossen, an der Stelle, an der sie so wundersam gerettet wurden, eine Stadt zu gründen: Rom! Das war im Jahr 753 vor Christus[3]. Leicht zu merken mit: 7 – 5 – 3, Rom schlüpft aus dem Ei. Leider zerstritten

[3] Natürlich richtete sich die Zeitrechnung der Römer nicht nach Jesu Geburt! Das römische Jahr Null war die Stadtgründung Roms. Damit wir aber nicht durcheinanderkommen, orientieren sich Kokosnuss und seine Freunde an der heutigen Zeitrechnung.

sich die Brüder und Romulus brachte Remus um." Publius schüttelt traurig den Kopf. „Ja, ja, auch Götter und ihre Kinder sind nicht immer friedlich … Jedenfalls wurden zunächst zwei der sieben Hügel besiedelt. Dazwischen floss der Tiber: ein breiter Fluss, auf dem Handelsschiffe fuhren. Das Gebiet war fruchtbar, doch die Ebene sumpfig. Erst mit dem Bau der **Cloaca Maxima**, dem Kanal zur Entwässerung, der im Tiber mündete, konnte der Sumpf trockengelegt werden und die Stadt sich weiter ausbreiten. Rom wurde damals von Königen regiert. Doch dann brachte König Tarquinius das Volk mit seinen Ungerechtigkeiten gegen sich auf. Der König wurde 509 v. Chr. gestürzt. Eine Gruppe Adeliger, die **Patrizier**, übernahm die Macht. Dagegen lehnten sich die **Plebejer**, die Leute aus dem Volk auf – mit Erfolg! Im Jahr 367 v. Chr. schlossen Patrizier und Plebejer Frieden und bestimmten fortan die Politik gemeinsam. Die Macht lag jetzt bei zwei **Konsuln**, die immer für ein Jahr gewählt wurden. Nie wieder sollte jemand zu mächtig werden.

Alle Gesetze, die der **Senat**, der Rat der Adeligen, beschloss, mussten vom **Volkstribunat**, den Vertretern der Plebejer, mitgetragen werden. Rom war eine **Republik** mit einer **Verfassung** – also starken Gesetzen, die die Bürger schützten. Der Handel blühte auf und Rom wurde eine reiche Stadt. Ab dem 3. Jahrhundert vor Christus baute die Republik ihre Macht systematisch aus, indem sie angrenzende Regionen eroberte: Zuerst wurden ganz Italia, dann Africa und Mauretania, Hispania, Dalmatia und Macedonia eingenommen. Dann Gallica, Noricum und Britannia im Norden und Dacia, Thracia, Galatia und Aegyptus im Südosten. Heute erstreckt sich das Römische Imperium über alle Staaten entlang des **Mittelmeers** bis hoch an den Rhein im Norden und den Euphrat im Osten.

Fast die ganze uns bekannte Welt gehört also zu Rom! Und überall wird **Latein** gesprochen, die Sprache der Römer. Und die Menschen leben nach römischen Gesetzen!" „Veni, vidi, vici![4]", ruft ein Gelehrter begeistert. „Natürlich ließ sich ein so schnell wachsendes Weltreich nicht mehr von zwei jährlich wechselnden Konsuln regieren", fährt Publius fort. „Schon der große Feldherr **Gaius Julius Caesar** strebte nach der Alleinherrschaft – und wurde dafür 44 v. Chr. ermordet. Danach brach ein Bürgerkrieg zwischen Caesars Mördern und seinem Adoptivsohn Octavian aus. Octavian siegte, wurde vom Senat zum **Kaiser** gewählt und bekam den Beinamen **Augustus**, das heißt: der Erha-

---

[4] „Ich kam, ich sah, ich siegte!", ist ein berühmter Ausspruch des Feldherrn Gaius Julius Caesar.

bene. Zwar wurde das Reich weiterhin *Römische Republik* genannt, doch eigentlich ist es seither ein Kaiserreich. Der Kaiser ist gottgleicher Herrscher und höchster Feldherr. So wie unser Kaiser Trajan, unter dem Rom den Höhepunkt seiner Macht erreicht hat."

Trajan neigt den Kopf und sagt: „Sehr schön erzählt, mein lie-ber Publius Redefluss. Inzwischen ist es spät geworden. In der Nacht können wir nichts gegen das Ungeheuer im Fluss ausrichten. Ihr werdet es morgen früh sehen", bestimmt Trajan. „Bis dahin seid ihr meine Gäste! Publius, zeig unserem Besuch Rom und bring ihn nachher zum Abendessen in den Palast."

In Quintus' Kneipe

Als die Freunde aus der Bibliothek treten, stöhnt Oskar: „Puh, 700 Jahre Weltgeschichte in zehn Minuten. Mir schwirrt der Kopf!"
„Oh, dabei wollte ich euch noch viel mehr über Rom, das Imperium und seine Bewohner erzählen. Aber das kann ich auch in dieser **caupona** machen."
Schon führt Publius die Freunde in eine Gaststätte. Das schmale Lokal ist zur Straße hin offen, doch ein länglicher Raum führt tief ins Innere des Gebäudes. Hinter einer L-förmigen Theke, in die Vorratsgefäße für Speisen und Getränke eingelassen sind, steht ein großer, breitschultriger Mann. Als er Publius sieht, grinst er über das ganze Gesicht.

„Quintus!", begrüßt Publius den Wirt. „Darf ich dir die Fürchterlichen Vier vorstellen? Sie werden sich morgen um den Flussdrachen kümmern."
„Oh, da müsst ihr eine Schüssel Kraftsuppe essen", sagt Quintus. „Nehmt bitte Platz."
Vorsichtig setzt sich Publius auf einen Hocker an einem der Tische. So richtig wohl scheint er sich nicht zu fühlen.
„Männer meines Standes gehen normalerweise nicht in solche Tavernen", flüstert er. „Den Wirten wird nachgesagt, sie seien unehrlich. Aber Quintus kenne ich schon lange: Er war der Leibsklave meines Vaters. Nachdem er ihm 30 Jahre gedient hatte, hat ihn mein Vater freigelassen und

Quintus hat diese caupona eröffnet. Solche Garküchen sind wichtig für die einfachen Leute der Stadt: Viele Wohnungen haben keine Kochstelle – es gibt keinen Platz dafür und die Brandgefahr ist hoch."

Cinquecento nickt eifrig und seufzt: „Zum Glück war bei mir zu Hause die Glut im Herd gelöscht…"

„Deswegen kommen die Leute hierher, um Eintöpfe aus Getreide und Hülsenfrüchten zu essen und verdünnten, gewürzten Wein zu trinken", erklärt Publius.

„Quintus war ein Sklave?", fragt Matilda.

Publius nickt. „Viele Menschen aus den Regionen, die wir erobern, werden nach Rom gebracht und auf Sklavenmärkten verkauft. Sie arbeiten im Haushalt, aber auch auf Baustellen, Feldern und Minen. Dafür bekommen sie meist keinen Lohn, jedoch ein Dach über dem Kopf und Verpflegung. Und natürlich sind Sklaven rechtlos. Sie können

verkauft, verschenkt und ver-
liehen werden – wie es ihrem
Herrn gefällt. Doch oft ist das
Verhältnis eng und vertraut, so
wie bei Quintus und meinem
Vater. Und manchmal lässt der
Herr den Sklaven frei. Dann
bekommt er die römischen
Bürgerrechte und ist ein freier
Mann … oder eine freie Frau."

„Bitte schön, die Herrschaf-
ten!", ruft Quintus und stellt
die dampfende Suppe und
verdünnten Wein vor seine
Gäste. Als Kokosnuss, Oskar
und Matilda verdutzt gucken,
lacht Cinquecento. „Ja, bei
uns dürfen sogar die Kinder
Wein trinken – aber mit ganz
viel Wasser!"

Das Kolosseum

Frisch gestärkt laufen die Freunde hinter Publius Redefluss durch die Stadt. Plötzlich stehen sie vor einem riesigen ovalen Gebäude.

„Das Kolosseum!", raunt Oskar. „Nun, eigentlich heißt es **Amphitheatrum Flavum**", erklärt Publius. „Aber du hast recht, Oskar. Im Volksmund wird es **Kolosseum** genannt. Wollt ihr wissen, warum?" Die Freunde nicken und Publius zeigt auf eine hünenhafte Statue, die auf dem Platz vor dem Kolosseum steht. „Bevor mit dem Bau dieses Amphitheaters im Jahr 72 begonnen wurde, gab es hier einen künstlichen See, der zur **Domus Aurea**, dem Goldenen Palast von Kaiser Nero, gehörte. Das Volk war wütend auf den verschwenderischen Kaiser. Deswegen bauten Neros Nachfolger, Vespasian und Titus, hier eine Vergnügungsstätte für das Volk. Das war schlau von ihnen. Der See wurde trockengelegt und das Fundament mit unserem römischen Spezialbeton, dem **opus caementitium**, ausgegossen. Das ganze Gebäude wurde mit Ziegelsteinen und Beton erbaut und dann mit Marmor verkleidet –

so stabil, dass es in 2000 Jahren noch stehen wird!"

„Stimmt!", kichert Matilda.

„Trotzdem ist es inzwischen ein bisschen kaputt …"

„Das Kolosseum ist ein Meisterwerk römischer Baukunst", schwärmt Publius. „Drei Etagen mit Zuschauerrängen für 50 000 Leute, die über 80 Eingänge binnen weniger Minuten ihre Plätze erreichen. Um die Zuschauer vor der Sonne zu schützen, können an 240 Masten Sonnensegel gespannt werden. Dafür sind Marinesoldaten aus dem Golf von Neapel zuständig. Bei den Spielen, die hier stattfinden, treten Gefangene und Tiere gegen Gladiatoren an. Die Kerker der Gefangenen und die Käfige der Tiere liegen unterirdisch. Unter der Erde werden sie in ›Aufzüge‹ gesteckt, die über Seile und Seilwinden hochgezogen werden. Das ist jedes Mal ein Spektakel, wenn sie plötzlich auf dem Kampfplatz auftauchen! Die Gladiatorenschule befindet sich nebenan und ist ebenfalls über einen unterirdischen Gang mit der Arena verbunden. Die Sitzordnung im Kolosseum ist übrigens ein gutes Abbild für die **römische Gesellschaft**. Schaut mal." Er führt die Freunde durch einen Torbogen, eine Treppe hinauf. Schon stehen sie mitten im Amphitheater. Gerade streuen Sklaven frischen Sand in der Arena aus. Die heutige Vorstellung ist offenbar zu Ende.

„Die Spiele finden tagsüber statt, zu besonderen Anlässen", sagt Publius. „Sie sind ein Geschenk des Kaisers an sein Volk. *Brot und Spiele* lautet das Motto des Herrschers. Wenn das Volk satt und zufrieden ist, kann er seine Politik leichter durchsetzen …"

„Nun ja. Jedenfalls wollte ich euch das zeigen: Ganz vorn in der Mitte befindet sich die **Kaiserloge** für den Kaiser, seine Familie und seine Vertrauten. Er ist der mächtigste Mann des römischen Reiches. Im ersten Rang sitzen die **Senatoren**, die wichtigsten Männer des Staates. Darüber sitzen die **Equites**, die Reichen, die dem Ritterstand angehören, und wichtige Beamte. Im dritten Rang sitzen die Soldaten und Plebejer. Das sind frei geborene Männer aus dem Volk. Über ihnen, im vierten Rang – und das ist schon weit weg vom Geschehen in der Arena – sitzen die Armen und die Sklaven. Und hinter ihnen die Frauen und Kinder."

„Wie?", ruft Matilda. „Frauen und Kinder haben weniger Rechte als Sklaven?"

„Nein, nein", beschwichtigt Publius. „So ist es nicht. Frauen haben zwar in der Öffentlichkeit nichts zu sagen und müssen ihrem Mann, dem **pater familias** und Familienoberhaupt, gehorchen. Er bestimmt sogar darüber, ob ein neugeborenes Kind in seine Familie aufgenommen wird oder nicht. Aber natürlich steht eine frei geborene Frau über einem Sklaven. Doch im Kolosseum geht es ganz schön zur Sache. Die blutigen Kämpfe zwischen

wilden Tieren und **Gladiatoren** oder Hinrichtungen zum Tode verurteilter Verbrecher sollen Frauen und Kinder nicht aus nächster Nähe sehen …

Stellt euch vor: Als Kaiser Titus Flavius das Amphitheater im Jahr 80 eröffnete, fanden 100 Tage lang Spiele statt!"

„100 Tage?", fragt Kokosnuss. Er stand mit seinen Freunden ja schon selbst unten in der Arena und hatte zwischendurch ganz schön Angst.

„Ja", sagt Publius. „Und seither finden Spiele nur noch zu besonderen Anlässen statt. Sie beginnen immer mit dem pompösen Einzug der Gladiatoren. Seeschlachten, für die die Arena komplett mit Wasser geflutet wurde, können leider nicht mehr stattfinden, seitdem sie unterkellert wurde …"

„Und warum heißt das Kolosseum nun so?", fragt Oskar.

„Ach ja!", sagt Publius und läuft vor das Gebäude zu der hünenhaften Statue. Die Freunde folgen ihm. „Diese Statue von sich hat Nero für seinen goldenen Palast fertigen lassen. Titus hat einen Strahlenkranz hinzugefügt, und nun stellt sie den Sonnengott **Sol Invictus** dar. Die Statue ist so *kolossal*, dass sie dem Gebäude dahinter den Namen gibt. Oh, schaut mal in die Bögen. Da stehen noch mehr Statuen!"

Die großen römischen Kaiser ...

Begeistert führt Publius die Freunde von einer bunten Marmorstatue zur nächsten. „Unsere römischen Kaiser!", ruft er. „Einige will ich euch vorstellen: Das hier war **Gaius Julius Caesar**! Streng genommen war er noch kein Kaiser – aber von seinem Namen ‚Caesar' leitet sich das Wort ‚Kaiser' ab! Und auch den Monatsnamen ‚Juli' verdanken wir Caesar. Im Juli hatte er Geburtstag. Er war ein brillanter Redner und Politiker, aber auch ein kluger und erbarmungsloser Feldherr: Er eroberte ganz Gallien bis zum Rhein! Dann zettelte er den Römischen Bürgerkrieg an, besiegte seine Gegner und machte sich zum **Diktator**, das heißt: zum Alleinherrscher auf Zeit. Viele befürchteten aber, er wolle sich zum König machen und die freien Römer zu seinen Untertanen. Deswegen wurde er am 15. März 44 v. Chr. von mehreren Senatoren erstochen." Publius bleibt vor einer weiteren Statue stehen. „Das ist der erste echte Kaiser: **Augustus** regierte von 27 v. Chr. bis 14 n. Chr. Nachdem ihn der Senat zum Kaiser gewählt und ihm den Beinamen Augustus gegeben hatte, stand er vor der Aufgabe, Frieden in Rom zu schaffen. So verbissen Augustus vorher um die Macht gekämpft hatte, als Kaiser gelang es ihm, den Staat neu zu ordnen und das Reich nach innen und nach außen zu sichern – und das über 40 Jahre lang und über seinen Tod hinaus." Publius zeigt auf die Statue eines rundlichen Mannes. „Und das ist **Kaiser Nero**!" „Der Verrückte mit dem Goldpalast?", fragt Oskar vorsichtig. „Er kam im Jahr 54 mit 17 Jahren an die Macht und war zunächst beim Volk und den Senatoren sehr beliebt", erzählt Publius. „Aber als im Jahr 64 ein Brand in Rom ausbrach, der von 14 Stadtteilen zehn zerstörte, ging das Gerücht herum, Nero habe das Feuer legen lassen, um Platz für seinen neuen Palast zu schaffen. Nero gab den **Christen** die Schuld und ließ sie verfolgen. Die Anhänger dieser neuen Religion waren ihm ein Dorn im Auge, weil sie weder den Kaiser noch die römischen Götter anbeten wollten. In grausamen Spielen ließ er sie hinrichten. Und hier ist Kaiser **Trajan**!" Publius deutet auf eine Statue, die Trajan tatsäch-

lich sehr ähnlich sieht. „Als der Senat ihn im Jahr 98 zum Kaiser ausrief, war Trajan bei seinen Truppen in Köln. Unter ihm erreichte das Römische Reich die größte Ausdehnung!"

…und die römischen Götter

Wieder bleibt Publius vor einer Marmorstatue stehen.
„Ist das auch ein Kaiser?", will Kokosnuss wissen.
„Nein", sagt Publius. „Das ist **Jupiter**, unser höchster Gott. Er herrscht über alle Götter und Menschen. Er ist mit **Juno**, seiner Schwester, verheiratet."
Er deutet auf eine weitere Marmorstatue. „Juno ist sehr eifersüchtig, denn immer wieder nimmt Jupiter eine andere Gestalt an, um eine schöne

Göttin oder Menschenfrau zu erobern."
„Ist doch klar, dass sie sauer auf ihn ist", sagt Matilda.
„Tja", sagt Publius, „als Gottvater, der Blitz und Donner sendet, nutzt er seine Sonderrechte aus. Der Sohn von Jupiter und Juno ist **Vulkan**. Er kam mit einem lahmen Bein zur Welt und arbeitet in seiner Schmiede unter dem Vulkan Ätna. Er ist mit **Venus**, der Göttin der Schönheit, verhei-

Amor

Juno

Vulkan

Venus

Jupiter

ratet. Venus ist aber in **Mars**, den starken Kriegsgott, verliebt. Sie haben sogar ein gemeinsames Kind: **Amor**, den Gott der Liebe."

„Der sieht ja süß aus!", findet Kokosnuss. „Wie ein dickes Baby mit Flügeln."

„Ja, ja", sagt Publius, „aber hüte dich vor ihm! Wenn dich sein goldener Pfeil trifft, verliebst du dich auf der Stelle! Das hier ist **Neptun**, Jupiters Bruder. Er herrscht über die Meere. Alle Seeleute und Kapitäne bringen ihm Opfer, damit er ihre Schiffe nicht untergehen lässt. **Pluto** ist auch ein Bruder von Jupiter. Aber er herrscht über die Unterwelt und richtet über die verstorbenen Seelen."

„Und wer ist der? Der sieht ja lustig aus!", sagt Oskar.

„Das ist **Bacchus**", sagt Publius. „Der Gott des Weines. Deswegen ist er öfter mal beschwipst."

„Bei euren Göttern geht es ja zu wie bei den Menschen", sagt Kokosnuss.

„Wir haben die meisten Götter übrigens von den Griechen übernommen", gibt Publius zu. „Die Griechen selbst haben wir unterworfen, aber ihre Kultur und Religion schätzen wir sehr. Jupiter beispielsweise heißt bei den Griechen **Zeus**!", fährt Publius fort.

Mars   Neptun   Pluto   Bacchus

„Wisst ihr, in einem Reich, das so riesengroß ist wie das Römische Imperium, gibt es unzählige Götter. Wir erlauben den besiegten Völkern ihre alten Götter weiterhin anzubeten. Manche übernehmen wir sogar. Den ägyptischen Göttern **Isis und Osiris** bringen wir große Achtung entgegen. Der Kult um den persischen Lichtgott **Mithras** ist besonders bei Soldaten beliebt. Selbst die **Juden** und diese neue Religion, das **Christentum**, akzeptieren wir … Na ja, solange sie sich unauffällig verhalten. Unseren Göttern haben wir natürlich prächtige Tempel gebaut." Publius zeigt auf ein großes Gebäude mit Säulen und einem dreieckigen Giebel, das auf einem Hügel im Abendlicht glänzt. „Die Tempel unserer wichtigsten Götter, der Stadtgottheiten Jupiter, Juno und **Minerva**,

stehen mitten in der Stadt auf dem **Kapitol**, einem der sieben Hügel. Minerva ist die Göttin der Kunst und des Handwerks. Ihr zu Ehren findet jedes Jahr im März ein großes Fest statt." „Das Fest ist bei Lehrern und Schülern beliebt", sagt Cinquecento kichernd. „Die Lehrer bekommen dann ihre Bezahlung und die Schüler Ferien!" „Auch den Gott **Saturn** verehren wir", sagt Publius. „Er ist der Gott des Ackerbaus. Er herrschte laut einer Sage als König im sogenannten *Goldenen Zeitalter*, als alle Menschen noch glücklich und zufrieden waren. Ihm zu Ehren feiern wir im Dezember die **Saturnalien**."
„Da steht die ganze Stadt Kopf!", sagt Cinquecento. „Die Menschen verkleiden sich und feiern. Und die Sklaven dürfen ihren Herren mal richtig die Meinung

sagen, ohne dafür bestraft zu werden."

„In den Tempeln bringen wir den Göttern Opfer und beten, um sie milde zu stimmen", sagt Publius. „Zusätzlich hat jede Familie ihre Hausgötter, die **Laren** und **Penaten**. Sie werden am Hausaltar, dem **Lararium**, verehrt. Jeder, vom Kaiser bis zum Sklaven, bringt ihnen täglich Opfer: Den Segen der Götter braucht schließlich jeder! Wir haben sogar extra Beamte, die **Auguren**, die den Flug der Vögel beobachten und daran erkennen können, ob die Götter einem Plan zustimmen oder nicht."

Lesen, schreiben, rechnen

Als sie wieder durch die Straßen laufen, fällt Kokosnuss ein merkwürdiges Gebäude auf: Wie Cinquecentos Laden ist der Raum zur Straße hin offen. Nur ein Vorhang, der im Wind weht, hängt davor. Kokosnuss erblickt darin Tische und Bänke, an denen kleine Jungen sitzen und schreiben. Zwischen ihnen sitzt ein bärtiger Mann und erklärt ihnen etwas.

„Ist das eine Schule?", fragt Kokosnuss.

„Ja", sagt Publius. „Ganz reiche Leute haben Hauslehrer. Die Lehrer nicht ganz so reicher Kinder unterrichten zum Beispiel in einem Raum wie diesem. Ganz arme Kinder gehen gar nicht in die Schule, weil sie arbeiten müssen. Der Unterricht beginnt frühmorgens und endet oft erst am späten Nachmittag. Sicherlich werden diese Jungen hier gleich abgeholt. Ah ja, schaut mal, da kommen schon die **Pädagogen**. So heißen die Sklaven, die sie nach Hause begleiten."

„Und was lernen Kinder in einer römischen Schule?", fragt Matilda.

„Lesen, schreiben, rechnen natürlich", sagt Publius. „Die Kinder schreiben mit einem **Stylus** auf **Holztafeln**, die mit Wachs beschichtet sind, denn Papyrus und Pergament wären viel zu teuer. Das Wachs muss immer wieder geglättet werden. Dafür hat der Stylus zwei unterschiedliche Enden: ein spitzes zum Schreiben, also zum Einritzen der Buchstaben

ins Wachs, und ein flaches
Ende, um Fehler zu berich-
tigen. Schriftrollen sind auch
sehr teuer. Deswegen müssen
die Kinder oft die Texte, die
ihnen der Lehrer vorliest, auswendig lernen. Das trainiert
das Gedächtnis."

„Was, eine ganze Schriftrolle
auswendig lernen?", fragt

Oskar entgeistert.
„Nicht nur eine
Schriftrolle, sondern viele,
mein lieber Oskar", sagt Publius. „Die Kinder kommen
mit etwa sechs Jahren in die
Schule. Wer mit elf oder zwölf
Jahren weiterlernen möchte,
geht zu einem **Grammaticus**,
einem Sprachlehrer. Bei ihm
lernen die jungen Leute **Grie-
chisch** und lesen die Schriften
der großen Philosophen."

ROMA
EST URBS
PULCHRA

„Und lernen ihre Schriften auswendig?", fragt Kokosnuss. „So ist es", sagt Publius. „Sollte ein Schüler eine Karriere als Anwalt oder Politiker anstreben, nimmt er vom etwa 16. bis 20. Lebensjahr Rhetorikunterricht und lernt die Kunst der **Rede**. Denn der Erfolg als Politiker oder Anwalt hängt sehr davon ab, wie gut einer reden kann."

„Und die Mädchen?", fragt Kokosnuss. „Die sind schließlich genauso schlau."

„Sie lernen lesen und schreiben", sagt Publius. „Doch die meisten Mädchen werden mit 12 bis 14 Jahren verheiratet. Sie sollen Kinder bekommen und den Haushalt führen … Seht mal, jetzt verabschieden sich die Schüler von ihrem Lehrer."

Die Freunde beobachten, wie die Jungen sich vor ihrem Lehrer verbeugen.

„Unsere Lehrer sind sehr streng", flüstert Cinquecento. „Wer sich nicht respektvoll zeigt, nicht aufpasst und fleißig lernt, bekommt Prügel."

„Da haben wir ja Glück mit unserem Doktor Blumenkohl!", sagt Kokosnuss.

Cinquecento deutet auf eine Tafel, die an der Wand des Klassenzimmers hängt. „So sehen unsere Buchstaben und Zahlen aus:

„U und V werden beide als V geschrieben. Und es gibt noch K, Y, und Z", sagt Cinquecento. „Aber die brauchen wir nur für Fremdwörter."

„Die Buchstaben kennen wir", sagt Kokosnuss. „Wir haben sogar noch das J und das W. Aber die Zahlen sind ja komisch …"

„Da steht 1, 2, 3, 4, 5, 6, 7, 8, 9, 10 und dann 50, 100, 500 und 1000", weiß Matilda. „Das sind die römischen Zahlen.

Wir schreiben aber mit arabischen Zahlen. Ein I steht für 1, ein V für 5 und ein X für 10. Wer römische Zahlen lesen will, muss auch immer ein bisschen rechnen: 5 + 3 = 8 und 10 – 1 = 9, deswegen wird die 8 in römischen Zahlen VIII und die 9 als IX geschrieben."

Publius blickt Matilda bewundernd an und murmelt: „In der Tat, ganz schön schlau, dieses Mädchen."

Auf in die Therme!

„Haben die Kinder nie frei?", will Oskar wissen.

„Aber selbstverständlich", sagt Publius. „Wenn sie freihaben, spielen sie mit Bällen, Murmeln oder würfelförmigen Knöchelchen. Auch **Nüsse-Werfen** ist bei Kindern sehr beliebt. Wie die Erwachsenen spielen sie auch Knobel-Spiele, zum Beispiel **Rundmühle**: Das Spielfeld ist auf einem runden Stück Leder aufgezeichnet, das sich als Säckchen zusammenziehen lässt. Dort werden auch die Spielsteine verstaut. Praktisch, nicht? Ansonsten sehen sich die Kinder gern die Kämpfe im Kolosseum oder die Wagenrennen im **Circus Maximus** an. Auch unsere Theater sind sehr unterhaltsam, aber oftmals sind die Stücke etwas derb und nicht ganz jugendfrei… nun ja. Ach, und natürlich gehen sie gern in die **Therme**."

„Ins Schwimmbad?", fragt Kokosnuss.

„Au ja!", rufen Matilda und Oskar.

Cinquecento schlägt vor: „Wir könnten in die Trajanstherme gehen, das ist die größte, schönste und neueste Therme der Stadt – und sie ist gleich um die Ecke!"

Auf dem Weg erzählt er: „Trajan hat eine neue Wasserleitung, die **Aqua Traiana**, erbauen lassen. Fast 60 Kilometer ist sie lang! So wird die **Trajanstherme** immer mit frischem Wasser versorgt. Badehäuser haben wir in der ganzen Stadt. Die meisten

Leute haben ja keinen Wasseranschluss zu Hause, deswegen gehen sie in die Therme, um sich zu waschen. Im Gegensatz zu den privaten Bädern ist der Eintritt in die Kaiserthermen frei."

Als sie vor dem Torbau der riesigen Trajanstherme ankommen, sagt Publius: „Männer rechts, Frauen links."
„Okay, dann mach ich mir eben ohne euch eine schöne Zeit! Bis später, Jungs!", sagt Matilda und grinst.

Ein Thermenbesuch tut gut

Die Freunde haben den Besuch in der Therme genossen. Kokosnuss' Drachenhaut glänzt frisch eingeölt in der Abendsonne.

„Also, was haben wir in der Therme alles gemacht? Erst waren wir im **apodyterium**, dem Umkleideraum", sagt Oskar.

„So ein Zungenbrecher … Da wird die Kleidung in Wandnischen verstaut und ein Sklave, der **capsarius**, passt darauf auf. Dann haben wir uns im **frigidarium** abgekühlt und mit dem **strigilis**, so einem Schaber, gereinigt."

„Genau, dann sind wir auch einen Marmorsessel geklettert und wurden mit kühlem Wasser übergossen. Bei der Hitze hier in Rom sehr angenehm, nicht?"

„Viele machen auch Sport auf dem Sportplatz, der **palaestra**, die zum Bad dazugehört. Danach lassen sich die Sportler auch gern abkühlen", sagt Oskar.

„Die **natatio**, das Schwimmbecken, war ganz flach", sagt Kokosnuss. „Ich glaube, die Römer können gar nicht schwimmen. Die haben nur geplanscht."

„Dann waren wir im **caldarium**, dem Heißbaderaum", sagt Oskar. „Der wird mit einer Fußbodenheizung beheizt. Der Fußboden ist so heiß, dass man Holzschuhe anziehen muss."

„Wo bleibt denn eure Freundin?", fragt Publius ungeduldig. Während er im Bad war, wurde seine Tunika, das Unterkleid, gewaschen und gebügelt.

Beim Anziehen seiner **Toga** mussten ihm zwei Sklaven helfen, denn das Umhangtuch ist über sechs Meter lang!

„Ja, wo ist Matilda?", fragt Cinquecento. Er ist frisch rasiert und sein Haar wurde geschnitten.

Frisch frisiert und gepudert

Da kommt Matilda auch schon aus der Therme! Ihre Freunde trauen ihren Augen nicht: Sie ist geschminkt und die Stacheln rund um ihren Kopf liegen in winzigen Löckchen.

„Da staunt ihr, was?", fragt sie. „Den Römerinnen liegt viel an ihrem Aussehen … na ja, wenn ihr mich fragt, übertreiben manche ein wenig! Für die Löckchen machen die Frisörinnen Brennstäbe heiß. Um die werden die einzelnen Haarsträhnen gewickelt. Die Frisuren der reichen Frauen werden sehr aufwendig geflochten, geschlungen und mit kostbaren Haarnadeln hochgesteckt. Manche Frauen lassen sich die Haare auch färben. Und die, die mit ihren Haaren komplett unzufrieden sind

oder öfter mal was Neues ausprobieren möchten, setzen sich **Perücken** auf. Am teuersten sind die Perücken aus den blonden Haaren der Germaninnen, also den Frauen aus den nördlichen Provinzen des Reichs. Und dann das Schminken! Das Schönheitsideal der Römerinnen ist helle Haut. Deswegen benutzen sie **Puder** aus Bleiweiß. Die wissen wohl nicht, wie giftig das ist! Die Wimpern werden getuscht und die Augenbrauen mit Ruß nachgezogen. Dann kommt **Rouge** aus Ockererde und Rotweinextrakt auf die Wangen. Und der **Lippenstift** ist aus Maulbeersaft und zerdrückter Laus!"

„Igittigitt!", ruft Kokosnuss. „Aber du duftest wie eine Rose!"

„Hihi, ich schwebe in einer Wolke aus Parfüm", sagt Matilda kichernd.

„So, nun kommt", sagt Publius ungeduldig. „Der Kaiser wartet."

Das Festessen auf dem Palatin

Im Palast auf dem Palatin werden Publius und die Fürchterlichen Vier von einem Sklaven in das **triclinium**, den prächtigen Speisesaal, geführt. Um einen niedrigen Tisch stehen drei **Klinen**, breite Sofas mit Kissen. Sie haben links und rechts eine Lehne, aber keine Rückenlehne. Die Wände sind mit Szenen aus Helden-Abenteuern kunstvoll bemalt. Die Böden sind mit prächtigen Mustern aus **Mosaiksteinen** bedeckt. Bevor sich die Freunde richtig umsehen können, werden sie vom Kaiser und seiner Familie begrüßt. Trajan bittet seine Gäste, auf den Sofas Platz zu nehmen.

„Die Erwachsenen essen im Liegen. Immer drei Erwachsene liegen nebeneinander, stützen sich auf den linken Ellbogen und essen mit der rechten Hand. Kinder müssen sitzen", flüstert Publius den Freunden zu.

Nun kommen Sklaven mit Schüsseln und Tüchern und waschen ihnen die Hände. Im Hintergrund spielt ein Musiker leise eine Harfe.

„Lasst es euch schmecken", sagt Trajan.

Die Freunde greifen mit der rechten Hand in die Schüsseln, die ihnen von Sklaven angeboten werden. Den verdünnten und gewürzten Wein trinken sie aus bemalten Schalen. Es gibt Eier mit Pinienkernen, schwarze und grüne Oliven, aber auch Schnecken, Muscheln und in Fischsud gekochtes Fleisch, Bratwürstchen und gebratene mit Mohn und Honig übergossene Haselmäuse. Alle Speisen sind dekorativ angerichtet, etwa die kleinen Wachtelbraten, die um ein Nest aus Eiern angeordnet wurden. Obwohl die Speisen mit Kräutern und Pfeffer stark gewürzt sind, gießt sich Publius noch **garum**, eine salzige Fischsoße, über sein Essen. Sogar die Orangen sind mit Pfeffer bestreut!

Zum Nachtisch gibt es Kuchen, gefüllte Pasteten, Feigen, Trauben und allerlei mehr.

Das Festmahl scheint die ganze Nacht zu dauern! Immer wieder treten Musiker und Tänzer auf und Publius liest seine Gedichte vor. Als den Freunden schon fast die Augen zufallen, sagt Trajan: „Morgen wird ein anstrengender Tag. Lasst uns zu Bett gehen." Publius verabschiedet sich von den Freunden. „Es war mir ein Vergnügen, euch meine Stadt zu zeigen. Viel Glück für morgen!" Dann verbeugt er sich vor Trajan und geht nach Hause.

Der große Tag

Der Tag dämmert kaum, als die Fürchterlichen Vier von einem Sklaven geweckt werden. Zum Frühstück gibt es getrocknete Früchte, Brot und Käse. Aber so richtig hungrig sind die vier sowieso nicht.

Ob der Flussdrache wirklich so schrecklich ist?, fragt sich Kokosnuss.

Zusammen mit Kaiser Trajan und seiner Leibgarde, den **Prätorianern**, machen sie sich auf den Weg. Allerdings laufen sie nicht direkt zum Ufer des Tibers. Trajan bringt Jupiter im Tempel auf dem Kapitol ein Opfer, um den Gott gnädig zu stimmen. Der Kampf gegen den Drachen soll gut ausgehen!

Als sie am Flussufer ankommen, staunt Kokosnuss nicht schlecht: Das Ufer ist gesäumt von Soldaten! Überall stehen Schaulustige und recken die Hälse. So ein Spektakel!

„Das sind die Legionäre der **cohortes urbanae**, der städtischen Kohorten", erklärt Trajan. „Eigentlich sind die römischen Truppen an den Grenzen des Reiches stationiert. Aber die cohortes urbanae sorgen in Rom und anderen größeren Städten für Ruhe und Ordnung. So wie jetzt: Sie sollen die Einwohner vor dem Flussdrachen schützen … oder den Flussdrachen vor den Einwohnern."

Ein junger Mann hat einen Stein aufgehoben und wirft ihn vorwitzig über die Köpfe der Legionäre hinweg ins Wasser. Seine Freunde johlen und klatschen. Plötzlich bro-

delt die Wasseroberfläche –
und ein riesiger Kopf taucht
auf!
„Uaaaah!", brüllt der Flussdrache. Seine lange Zunge
schnellt hervor und spitze
Zähne blitzen in der Morgen-
sonne. Die Leute schreien und
weichen zurück.

„Nicht schreien!", ruft Matilda.
„Ihr macht ihm doch Angst!"
Aber niemand hört auf sie.
Mutig flattert Kokosnuss auf den
Flussdrachen zu. „Hey, du!",
ruft er. „Huhu, hier bin ich!"

Der Flussdrache reißt die Augen auf und stutzt. „Bist du auch ein Drache?"

„Aber hallo!", ruft Kokosnuss. „Ich bin ein echter Feuerdrache, guck mal!" Er speit eine wunderschöne Feuerflamme.

„Uuuui!", raunen die Leute am Flussufer und klatschen begeistert.

„Und dort unten auf der Brücke stehen meine Freunde!", sagt Kokosnuss.

Oskar fletscht die Zähne, Matilda rasselt mit den Stacheln und Cinquecento fuchtelt mit den Armen.

„Das machen sie nur, um die Menschen davon abzuhalten, mehr Steine auf dich zu werfen", erklärt Kokosnuss.

„Ja, das zwickt unangenehm auf den Schuppen!", findet der Flussdrache.

„Was machst du eigentlich hier?", fragt Kokosnuss und landet zwischen seinen Freunden auf der Brücke. „Wolltest du dir Rom ansehen?"

„Rom? Was ist das denn?", fragt der Flussdrache. „Nee, ich wollte eigentlich meine Verwandtschaft in Schottland,

äh, Caledonia, besuchen. Aber ich bin wohl falsch abgebogen und dann hier in dieser Steinwüste gelandet. Und jetzt stecke ich fest und komme weder vor noch zurück."

„Das ist ganz einfach", sagt Cinquecento. „Du musst wenden und in Richtung offenes Meer schwimmen. Wenn du die Hafenstadt Ostia erreicht hast, musst du von dort aus das **mare ibericum** in südwestlicher Richtung durchqueren bis zu den **Säulen des Herakles**."

„Er meint die Meerenge von Gibraltar im Mittelmeer vor Spanien", erklärt Oskar. „Die Römer denken, dass dort die Welt endet. Deswegen hat der Held Herakles zwei Säulen aufgestellt, auf denen **non plus ultra** steht. Heißt so viel wie: Hier geht's nicht weiter. Das stimmt zwar nicht, denn dahinter ist der Atlantik. Aber von Amerika wussten die Römer ja nichts."

„Wir zeigen dir den Weg!", verspricht Kokosnuss. „Aber lass die Leute hier zufrieden. Versprichst du das?"

„Na klar, wenn sie mich zufrieden lassen", sagt der Drache. „Ich heiße übrigens Bernie!"

„Wie, das war's schon? Es gibt gar keinen richtigen Kampf?", rufen die Leute und strecken die Daumen nach unten. Eine friedliche Einigung ist nicht nach dem Geschmack der Römer, die blutrünstige Kämpfe lieben. „Buuuh!", rufen sie enttäuscht.

Aber Kaiser Trajan nickt zufrieden, als die Fürchterlichen Vier mit vereinten Kräften Bernie bei seinem Wendemanöver im Tiber helfen. Er befiehlt dem Zenturio Aquila und seinen Soldaten, Bernie und die Fürchterlichen Vier auf dem Weg nach Ostia zu begleiten.

Die Reise nach Ostia

Trapp, trapp, trapp – machen die eisenbeschlagenen Sandalen der Legionäre auf dem Straßenbelag der **via ostiensis**, die am Tiber entlang nach Ostia führt. Zenturio Aquila führt seine Truppe durch die **porta ostiensis** zur Stadt hinaus. Die Freunde laufen neben Bernie her, der fröhlich im Tiber schwimmt. Immer wieder muss sich Bernie unter kunstvoll gemauerten Brücken durchquetschen.

„Hoffe, du und deine Freunde haltet die 23 Kilometer durch", sagt Zenturio Aquila zu Kokosnuss. „Meine **Zenturie** läuft bis zu 40 Kilometer am Tag. Mit vollem Marschgepäck!"

„Was ist eine Zenturie?", fragt Kokosnuss.

„Eine Einheit im römischen Heer", erklärt der Zenturio. „Besteht aus 100 Männern, wird vom Zenturio angeführt. Kommt von **centum**, lateinisch für 100. Sechs Zenturien bilden eine **Kohorte**. Zehn Kohorten bilden eine **Legion**. So eine Legion wird von **Tribunen** aus dem Senatoren- und Ritteradel angeführt. Eine **Kavallerie**, also die Soldaten zu Pferd, ist eine Einheit für Reiche und Adelige. Ist für die nur eine Station in ihrer politischen Laufbahn.

Aber wir, das Fußvolk, sind Berufssoldaten. 25 Jahre dienen wir, bis wir als **Veteranen** entlassen werden, irgendwo im Reich ein Fleckchen Erde erhalten und uns als Bauern niederlassen."

„25 Jahre? Ganz schön lang!", staunt Kokosnuss.

Der Zenturio nickt. „Die Truppen sichern die Grenzen des Imperiums. Da, wo es keine natürlichen Grenzen gibt, etwa einen Fluss wie den Rhein, bauen wir einen Grenzwall, den **Limes**. Die Legionäre wohnen entlang der Grenzwälle in **Kastellen**, die mit Straßen miteinander verbunden sind. Die Straßen werden meist auch von Legionären gebaut. Das Straßennetz zieht sich durchs ganze Reich! Auch die Kastelle werden von den Legionären gebaut. Das sind große Kasernen mit einer Kommandantur, Speichern für Lebensmittel, Ställen, Bädern und natürlich einem Lazarett. Denn wo gekämpft wird, gibt

es auch Verletzte. Schaut mal da, da drüben sind auch Legionäre!"

Er deutet auf Soldaten, die rosa schimmernde Wasserbecken bewachen.

„Die **Salinen** dienen der Salzgewinnung", erklärt Aquila. „Hier wird Meerwasser in niedrige Becken geleitet, die dann verschlossen werden. Durch Verdunstung des Meerwassers bleibt **Salz** übrig. Salz ist so kostbar, dass es von Soldaten bewacht wird. Und die Soldaten werden nicht nur in **Sesterzen**, unserem Münzgeld, bezahlt, sondern auch in Salz, lateinisch **sal**. Daher kommt der Begriff **Salär** für Gehalt. Habt ihr vielleicht schon mal gehört? Gleich sind wir in Ostia."

Tatsächlich, da taucht die Stadt vor ihnen auf. Auf der Straße herrscht reges Treiben: Die via ostiensis ist eine wichtige Versorgungsstraße. Wein, Weizen, Olivenöl und Gewürze aus Afrika, Griechenland und anderen Ländern, die auf Handelsschiffen im Hafen von Ostia ankommen, werden über diese Straße nach Rom gebracht.

Doch bevor sie die Stadt erreichen, ruft Zenturio Aquila: „Alle Mann links um! Flussdrache, schwimm jetzt durch den Kanal **fossa traiana** in das sechseckige Hafenbecken!" Handelskontore und Lagerhallen stehen um das Hafenbecken. Drei wendige Schiffe der römischen Marine **classis romana**, die aus Misenum[5] nach Ostia gesegelt sind, liegen zur Abfahrt bereit. Der unter Wasser liegende Rammbock vorn am Bug ist kaum zu sehen, die mehrreihigen Ruder links und rechts und die

[5] Der Flottenstützpunkt Kap Misenum lag westlich von Neapel.

64

schwenkbare Enterbrücke, der „Rabe", dafür umso besser. „Der gesamte Mittelmeerraum gehört zum Imperium Romanum. Deswegen sind die einzigen Feinde, gegen die die Soldaten kämpfen müssen, die Seeräuber", erklärt Aquila. „Heute jedoch bringen die Schiffe euren Freund bis zu den Säulen des Herakles." „Danke, vielen Dank!", ruft Bernie den Freunden zu. „Kommt mich doch in Caledonia besuchen. Fragt einfach nach Loch Ness und meiner Tante Nessie!"

Die Schiffe setzen sich in Bewegung. Regelmäßig heben sich die Ruder, bis die Schiffe das Hafenbecken verlassen haben und die Matrosen die Segel setzen können. Kokosnuss und seine Freunde sehen Bernie nach, wie er neben den großen Galeerenschiffen schwimmt.
„Gute Reise, Bernie!", rufen sie.

Zurück in die Zukunft…

Zenturio Aquila verabschiedet
sich zackig. Er will mit seiner
Zenturie am Abend wieder in
Rom sein. Cinquecento überlegt,
ob sie sich für die Rückreise

nach Rom eine **Sänfte**, die von Sklaven getragen wird, mieten wollen. Aber dann nimmt sie ein freundlicher Händler auf seinem Ochsenkarren mit. Vor der porta ostiensis angekommen, setzt sie der Händler ab: Er muss ja bis zur Abenddämmerung warten, ehe er in die Stadt fahren darf. Cinquecento bringt die Freunde noch bis zum Waldstück, wo ihr Abenteuer angefangen hat.

„Hoffentlich sehen wir uns bald wieder", sagt Cinquecento. „Die Arbeit in meinem Rückeninstitut macht mir wirklich viel Spaß – aber wenn ich mit euch unterwegs bin, erlebe ich so viele Abenteuer wie Odysseus[6]!"

Als Cinquecento hinter der Wegbiegung verschwunden

ist, drückt Kokosnuss auf den Knopf des Laserphasers und, sirr-sirr-sirr, schon sind sie wieder zurück … im Rom der Gegenwart.

Gerade kommt die Wirtin der Taverne *Funkelnde Sterne* mit einem Tablett voller Tiramisu, Panna cotta und Gelati heraus. Knödel springt beglückt auf. „Oh, Nachtisch! Ich könnte tatsächlich noch eine Kleinigkeit vertragen. Und ihr drei? Nach eurem Verdauungsspaziergang habt ihr sicherlich wieder Hunger?"

Die Freunde grinsen sich an. Wenn Knödel wüsste, was sie inzwischen alles erlebt haben! Aber zu einem Eis sagen sie nicht Nein.

„Rom war so ein riesiges und gut organisiertes Reich. Ich frage mich wirklich, wie das untergehen konnte", überlegt Matilda zwischen zwei Löffeln Erdbeereis.

[6] Das ist ein Held aus einer Heldensage, der auf seiner zehnjährigen Irrfahrt über das Mittelmeer unzählige spannende Abenteuer erlebt hat.

„Oh", sagt die Wirtin. „Wir sagen immer: Rom wurde nicht an einem Tag erbaut! Und genauso wenig ist es an einem Tag untergegangen. Das zog sich über einige Jahrhunderte hin. Unter Kaiser Trajan erreichte das Reich seine größte Ausdehnung. Aber schon im Jahr 117 zeigte sich, wie schwierig es ist, ein so riesiges Reich zu beherrschen und die Truppen in den entlegensten Winkeln zu versorgen. Es gab ja kein Handy, keine Computer und keine Autos. Mit allen Legionen und Aushilfslegionen zusammen bestand die Armee

damals aus etwa 250 000 Männern. Doch um die kilometerlangen Grenzen zu sichern, reichte das nicht aus. Ab dem 2. und 3. Jahrhundert kam es zu Kämpfen mit den germanischen Stämmen im Norden und mit den Persern im Osten. Der Kaiser Diokletian brachte wieder Frieden ins Reich, indem er es im Jahr 285 aufteilte und Mitregenten bestimmte. 324 vereinigte Konstantin der Große das Reich wieder, verlegte aber die Hauptstadt nach Nova Roma, das *Neue Rom*, das nach seinem Tod 337 in **Konstantinopel** umbenannt wurde. Heute heißt die Stadt Istanbul. Als erster Kaiser ließ sich Konstantin taufen und erklärte im Jahr 313 das Christentum zur Staatsreligion. Obwohl Rom nicht mehr die Hauptstadt war, war es für die Römer ein schwerer Schlag, als die Germanen im Jahr 406 die Rheingrenze überrannten und 410 die Ewige Stadt einnahmen. Im Jahr 476 wurde der letzte römische Kaiser gestürzt. Er hieß Romulus, wie einst der berühmte Stadtgründer. Aber dieser Romulus trug den Beinamen Augustulus – der kleine Augustus. Das weströmische Reich ging unter. Das oströmische Reich blieb bis 1453 bestehen, bis es von den Osmanen eingenommen wurde. Wir nennen es heute aber **byzantinisches Reich** – denn bevor Konstantin Konstantinopel zur neuen Hauptstadt machte, hieß die Stadt Byzantion, modern: **Byzanz**."

„Boah, so viele Namen für eine einzige Stadt!", ruft Oskar.

„Istanbul hat eben eine bewegte Geschichte", sagt die Wirtin.

„Wie Rom", sagt Kokosnuss. „Aber Rom ist für immer und ewig Rom!"

Das Essen ist fertig!

„Rom ist also untergegangen", sagt Matilda, als sie mit Knödel wieder auf der Dracheninsel gelandet sind. „Aber viele Dinge gehen auf die Römer zurück."

„Stadtgründungen … der Kalender – mit dem Monat Juli zum Beispiel", sagt Oskar. „Die Baukunst mit den superstabilen Formen und der tollen Technik wie dem Wasser- und

Straßensystem. Und natürlich der Zement … und außerdem ganz viele beeindruckende Ruinen!", ruft Kokosnuss.

„Das Alphabet, mit dem wir bis heute schreiben", sagt Matilda. „Und viele, viele Wörter, denn Latein wurde in der Kirche und in den Wissenschaften noch lange wie eine lebendige Sprache gesprochen, selbst als das römische Reich schon untergegangen war."

„Die guten Ideen der Römer leben heute noch!", sagt Kokosnuss.

„Kommt, Kinder! Das Essen ist fertig!", ruft da Mama Mette. Die Freunde stöhnen. Sie sind bis obenhin mit italienischem Nachtisch und römischem Wissen vollgestopft. Oskar grinst zufrieden: Selbst er hat keinen Hunger mehr!

Bei diesem Buch wurden die durch das verwendete Material und die Produktion entstandenen CO_2-Emissionen ausgeglichen, indem der cbj-Verlag ein Projekt zur Aufforstung in Brasilien unterstützt. Weitere Informationen zu dem Projekt unter: www.ClimatePartner.com/14044-1912-1001

Verlagsgruppe Random House
FSC® N001967

1. Auflage 2020
© 2020 cbj Kinder- und Jugendbuchverlag in der Verlagsgruppe Random House GmbH, Neumarkter Str. 28, 81673 München
Alle Rechte vorbehalten
„Der kleine Drache Kokosnuss" ist eine Figur von Ingo Siegner.
Texte: Anna Taube, Bad Rodach
Lektorat: Hjördis Fremgen
Artwork und Design: Alfred Dieler, Darmstadt
Umschlagkonzeption: Init GmbH, Bad Oeynhausen
hf · Herstellung: AJ
Satz und Reproduktion: Lorenz & Zeller, Inning a.A.
Druck: Grafisches Centrum Cuno GmbH & Co. KG, Calbe
ISBN 978-3-570-17805-8
Printed in Germany

www.cbj-verlag.de
www.drache-kokosnuss.de
www.youtube.com/drachekokosnuss

 Dieses Buch ist auch als E-Book erhältlich.

Alle Kokosnuss-Abenteuer auf einen Blick:

Ostsee

Nordsee

Germania

Britannia

Atlantik

Gallia

Raetia

Noricum

Pawon

Dalm

Italia

Corsica

Roma

Sardinia

Hispania

Silicia

Mauretania

Numibia

Africa Proconsularis

Ausdehnung des Römischen Reichs

- 241 vor Christus
- 44 vor Christus
- 14 nach Christus
- 117 nach Christus
- Nach 117 nach Christus aufgegebene Gebiete
- Grenzen der Provinzen